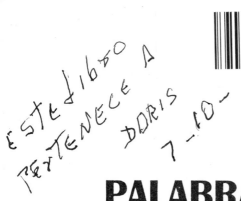

PALABRAS
DE A CENTAVO

PALABRAS
DE A CENTAVO

REFLEXIONANDO CON
CONNY MÉNDEZ

MARCO ANTONIO GARIBAY M.

Grupo Editorial Tomo, S. A. de C. V.
Nicolás San Juan 1043
03100 México, D. F.

1a. edición, marzo 1998.
2a. edición, mayo 1998.
3a. edición, marzo 2000.
4a. edición, noviembre 2002.

© 2000, Grupo Editorial Tomo, S. A. de C. V.
Nicolás San Juan 1043, Col. Del Valle
03100 México, D. F.
Tels. 5575-6615, 5575-8701 y 5575-0186
Fax. 5575-6695
http://www.grupotomo.com.mx
ISBN: 970-666-012-7
Miembro de la Cámara Nacional
de la Industria Editorial No. 2961

Diseño de Portada: Emigdio Guevara
Supervisor de Producción: Leonardo Figueroa

Impreso en México - Printed in Mexico

INTRODUCCIÓN

Con la inminente llegada del nuevo siglo, una gran cantidad de seres humanos empiezan a buscar respuestas concretas a muchos temas que, hasta hoy, siguen siendo desconocidos para la mayoría de ellos.

La Metafísica, ciencia que se dedica a estudiar las leyes que nos rigen, puede ser la respuesta que tanto anhelan. Sin embargo, como toda ciencia, debe ser estudiada y comprendida a fondo para poder entender los factores positivos y negativos que hay en nuestra vida.

En este libro, tomamos algunos puntos de suma importancia que Conny Méndez, pilar de esta ciencia, ha dejado en escritos, conferencias y enseñanzas. Trataremos de explicarlos de una manera concreta y sencilla para que tú, que te inicias en el estudio de la Metafísica, logres tener bases sólidas y mejores tu vida.

"Palabras de a Centavo" no es más que una serie de reflexiones sobre las enseñanzas que Conny Méndez nos ha legado. En él, encontrarás sencillas **"recetas"** para mejorar tu vida y la de los que te rodean.

Asimismo, si tú ya te has iniciado en la Metafísica, este libro te servirá de mucha ayuda, pues en él podrás encontrarte nuevamente con el inicio de tus estudios, logrando regresar a tus principios y hacer más fuertes los cimientos del conocimiento sobre esta ciencia.

Espero que este libro de reflexiones sobre puntos básicos que Conny Méndez ha puesto a nuestro alcance, logre tener el beneficio necesario que tanto buscas en tu vida y que nada ni nadie han podido darte hasta hoy.

I

¿QUÉ ES LA METAFÍSICA?

Miles de personas, alrededor del mundo, se han ido adentrando en la Metafísica. Para muchos de ellos, se trata de una ciencia moderna que está *"de moda"* por la llegada del nuevo siglo.

Otros, que desconocen absolutamente todo lo relacionado con la Metafísica, no tienen el menor reparo al afirmar que sólo se trata de brujería, espiritismo o simple charlatanería.

Si tú tienes una imagen parecida o similar a cualquiera de las anteriores, estás en un grave error. La Metafísica es una ciencia tan antigua como el hombre mismo. Lo que pasa, es que muchas personas, a través de los siglos, no han comprendido su significado ni su importancia en la vida del hombre.

Metafísica quiere decir *"mas allá de lo físico"*, lo invisible, lo que carece de forma. Mientras que la Brujería, sólo se dedica a hacer uso de poderes divinos en forma individual, egoísta y con la intención de causar algún mal a otra persona.

La Metafísica nos enseña a utilizar todo lo que hay en el mundo, que fue creado por Dios para nuestro beneficio. Nos muestra que todo lo que existe es para todos los hijos de Dios.

Debemos entender que nada es exclusivo de nadie, y que nadie tiene el derecho sobre algo por encima de otro. Todos y cada uno de nosotros podemos tener lo que en verdad deseamos y necesitamos para ser felices; lo único que debemos hacer es actuar y pensar de la manera correcta, así como no dañar o hacer sufrir a otros con el pretexto de lograr nuestras metas.

Como podrás ver, la Metafísica es una ciencia que nos enseña a pensar, a actuar y a estar bien con todo el mundo que nos rodea. Entendamos que la Metafísica se basa en el Amor Universal, en el Bien, en la Paz y en la Armonía.

Ahora bien, debemos entender que existen unas leyes universales que es necesario respetar, pues de lo contrario no lograremos tener lo que deseamos. No te estoy hablando de que si no cumples con las leyes se te castigará y se te mandará a un lugar donde sufrirás. Por el contrario, te digo que todo lo malo que te sucede tiene su origen en ti mismo, y tú tienes el poder y la ayuda necesaria para salir de ello si en verdad lo deseas y crees en ello.

Muchas personas que estudian Metafísica han logrado avanzar en su trayecto por esta vida, haciéndola mejor, más tranquila y llena de paz. Quizá no creas de momento lo que te digo, y eso es bueno, pues no tratamos de convencerte o de hacerte un miembro más de cierto *"club"* o *"asociación"*. Estoy tratando de explicarte la manera en que funcionan el mundo y los seres humanos.

Quiero que entiendas que tú, tus vecinos y toda la gente que te rodea son hijos de Dios; todos tenemos las mismas posibilidades de ser felices y de ascender como personas. Lo único que hay que hacer es entender las leyes superiores y aplicarlas en nuestra vida diaria.

Estudiar Metafísica no es estar en contra de religiones, creencias o iglesias, por el contrario, tratamos de amalgamar conocimientos y experiencias, y mostrar a todos los que en verdad quieren mejorar, que existen leyes fundamentales que mejorarán nuestro paso por este mundo.

Como te lo dije antes, es bueno que no creas a ciegas todo lo que lees o escuchas, pues como verás más adelante, todo esto no hace más que llenarte de ideas que pueden estar equivocadas. Sólo te pido que pongas en práctica una de las pocas enseñanzas que a lo largo de este libro trataré de explicarte; verás como en pocos días tu vida dará un giro completo, mejorando tu situación en general.

II

"LA VOLUNTAD DE DIOS"

Constantemente podemos ver pasar por la vida a seres humanos sin un objetivo real en su existencia. Muchos de ellos tratan de *"vivir"* o pasar la vida lo mejor posible sin jamás utilizar la enorme ayuda a la que cualquiera de nosotros tiene derecho.

En ocasiones, cuando pasa algo bueno, malo o regular en nuestra vida, jamás nos detenemos a pensar el porqué de esta situación, simplemente la disfrutamos, la sufrimos o la dejamos pasar como si nada.

Generalmente, cuando se trata de cosas buenas o agradables, nos concretamos a disfrutarlas al máximo, pero nunca nos preocupamos por ver cuál fue el motivo o la circunstancia que llevó a eso *"bueno"* a que apareciera en nuestra vida.

Sin embargo, cuando alguna calamidad o desgracia aparece en nuestra existencia, comenzamos inmediatamente a buscar *"culpables"* o motivos por los cuáles hayan pasado esas terribles cosas.

Por ejemplo, si una persona ha nacido en un hogar donde la situación económica no es problema alguno, donde se le brinda la oportunidad de ir a las mejores escuelas, de comer y vestir con lo mejor, seguramente nunca se preocupará por nada. No obstante, y conforme transcurren sus días en este mundo, pueden surgir cosas adversas a las que nunca se había enfrentado y ante las cuales es fácil presa.

Asimismo, si una persona de procedencia humilde, ha pasado enormes dificultades para poder llegar a una cierta *"mejoría"*, y de repente aparece en su vida algún fracaso o problema, se siente defraudada y piensa que de nada ha servido todo lo que ha sacrificado para obtener lo poco que tiene, pues el *"destino"* se ha empeñado en hacerle difícil la vida.

Cualquiera que sea el ejemplo que mejor te acomode, seguramente te preguntarás ¿de dónde surge la calamidad? Bueno, pues todo lo bueno o malo que te pase tiene su origen en tu mente, en tu pensamiento. Conny Méndez nos menciona en sus enseñanzas que: *"Lo que tú piensas se manifiesta; los pensamientos son cosas, pero tu actitud es lo que determina todo lo que sucede"*.

Para lograr entender esto de una manera clara y sencilla, tratemos de ver un ejemplo que seguramente has experimentado. Muchas veces, antes de realizar una acción cotidiana como el cocinar, si mantenemos en nuestra mente el deseo y la creencia de que lo que hagamos nos va a quedar delicioso y le va a gustar a todos los que lo prueben, seguramente a la hora de la comida muchos nos felicitarán por nuestra habilidad en la cocina.

Asimismo, si antes de mezclar los ingredientes y preparar los alimentos estamos pensando y creyendo que a nadie le va a gustar, que se nos va a quemar, que nos vamos a pasar de sal, etc., la comida será un desastre y nos sentiremos muy mal por lo sucedido.

Con este ejemplo, trato de explicarte que en verdad cualquier cosa que pensemos firmemente, se manifestará en nuestra vida. No es culpa del destino, de terceras personas o de *"la voluntad de Dios"* que algo malo suceda en tu vida; la verdad es que en tu mente has fabricado la idea de fracaso, derrota, miedo, enfermedad, pobreza y hasta muerte. Esto, no hará más que traer desgracia e infortunio a tu vida.

Ahora bien, debemos entender que nuestra mente jamás está consciente de las ideas o pensamientos que le mandamos. Nuestra mente trabaja las 24 horas del día manteniendo un contacto directo con el Poder Supremo; no tiene voluntad ni piensa si algo es bueno o malo, simplemente trabaja para manifestar las ideas que recibe.

El verdadero problema radica en la educación que hemos recibido desde nuestra infancia. En la mayoría de los casos, se nos ha enseñado a temerle a ciertos aspectos o situaciones; esto, no hace más que formar una imagen en nuestra mente de cosas negativas.

Cuando llegamos a una edad adulta y pensamos en algo relacionado a lo que se nos enseñó que era malo o nocivo, inmediatamente aparecerá en nuestra vida y no lo podremos evitar si no entendemos que lo que pensamos se manifiesta. Y es aquí cuando le echamos la culpa a Dios por lo que sucede.

¿Quién de nosotros no ha escuchado decir a una persona *"es la voluntad de Dios"* cuando algo terrible ha pasado en nuestra vida? Bueno, pues esta frase, lejos de ser un consuelo, es una absurda afirmación.

Pensemos por un momento en Dios como nos lo han enseñado nuestros padres, abuelos o parientes. Ellos siempre lo han mostrado como un ser maravilloso, perfecto y bueno. Si esto es cierto, entonces ¿cuál es la razón para que Dios permita que algo malo le suceda a cualquiera de sus hijos?

Esta contradicción nos dice dos cosas muy importantes. Por un lado, debemos empezar a ver que muchas religiones, lejos de acercarnos a la verdad, a lo correcto y a ser mejores seres humanos mientras estamos en este mundo, no hacen más que mentirnos acerca de Dios; y la segunda, es que si algo malo sucede en nuestra vida, la verdad es que nosotros mismos lo hemos llamado mediante nuestro pensamiento y nuestra mente.

Cuando escuchamos la frase: *"el hombre fue hecho a imagen y semejanza del Creador"*, entendemos mejor el hecho de que nosotros, al igual que Él, podemos crear y manifestar en nuestro mundo. El problema, es que muy pocos son los que están conscientes de ello.

Ahora bien, cuando nos encontramos en un predicamento o problema, muchas veces comenzamos a decir oraciones con la intención de que Dios nos escuche y nos ayude a resolverlo.

Este acto de orar, es semejante al de llevar una lámpara a un cuarto oscuro. Si lo hacemos convencidos y creyendo cada una de nuestras palabras, inmediatamente empezará a surgir lo bello y lo bueno en nuestra vida, solucionándose así cualquier dificultad.

Sin embargo, cuando oramos por orar, es decir, lo hacemos sin sentirlo y sin creerlo en verdad, nuestras peticiones de ayuda y cambio no causarán el menor efecto en nuestra mente y en nuestro mundo. Es más, muchas veces, al tratar de acercarnos a Dios le pedimos que nos ayude de manera equivocada, limitando nosotros mismos su ayuda.

Un claro ejemplo de ello podría ser: *"Dios, ayúdame a salir de este problema que no he podido superar hasta ahora"*. Aquí, nosotros mismos estamos reconociendo y mandando información a nuestra mente de que no podemos solucionar el problema. Con ello, nuestra mente trabajará para no salir nunca de la situación lamentable en que nos encontramos.

Pensemos que Dios no es un guardián que nos vigila en todo momento para que nosotros no actuemos mal o cometamos pecados; Él no es un policía ni un verdugo o tirano que ha creado cosas malas para las personas que no respeten las leyes. Pensemos en Él como un ser bondadoso, perfecto y creador de cosas buenas que cualquiera de nosotros puede disfrutar si sabe en verdad pensar en ellas.

Ahora bien, al igual que Conny Méndez lo ha mencionado en cada uno de sus libros, no es correcto hacer y creer todo lo que leemos. Es muy importante que, para que logres ver si es verdad o no todo lo que lees (incluso este libro), debes poner en práctica lo que aprendes y darte cuenta si en verdad funciona. Esta es la única manera de encontrar la verdad, la felicidad y la paz que todos buscamos constantemente.

III

LO QUE PIENSAS
SE MANIFIESTA

Una vez que hemos logrado entender que las cosas no suceden por la *"voluntad de Dios"*, sino porque nosotros así lo queremos (inconsciente o conscientemente), debemos adentrarnos en la manera en que nuestra mente funciona; de este modo, lograremos manifestar en nuestra vida las cosas que nos convienen o nos agradan.

Como te lo he mencionado, nuestra mente nunca descansa. Esto se debe a que siempre estamos pensando en un sinfín de cosas que vemos a nuestro alrededor. Sin embargo, sólo unas pocas de las miles de cosas que pasan por nuestra mente se quedan grabadas perfectamente.

El motivo de esto, es que ciertas cosas nos *"mueven"*, nos estimulan y, por consiguiente, provocan en nosotros un sentimiento. El sentimiento que nos produce puede ser de antipatía o simpatía, de felicidad o tristeza, de ternura o agresividad, etc. Y como nuestro subconsciente no puede discernir si algo es bueno o malo, este sentimiento se recibe y se guarda en nuestra *"bodega"* mental.

Una vez ubicado ahí nuestro pensamiento, éste se convierte en un *"reflejo"* listo para activarse a la menor provocación. Éste, actuará de la misma manera en que fue grabado en nuestra memoria. Así pues, si en tu mente has grabado un sentimiento de aversión cuando ves que un adulto golpea a un niño, cada vez que veas este acontecimiento, tu mente activará el *"reflejo"* correspondiente a ese sentimiento.

Ahora bien, si a ti te causa un sentimiento de ternura el ver como dos ancianos caminan de la mano por el parque, también cada vez que veas a un par de ancianos o personas mayores tomarse de la mano, la ternura que provoca el *"reflejo"* primero que experimentaste, saldrá inmediatamente de tu mente.

Y como la mente no tiene voluntad propia, poco importará qué es lo que estés haciendo cuando salga tu *"reflejo"*. Es decir, si te encuentras hablando con un buen amigo y te encuentras contento y feliz, esto no cambiará tu malestar al ver el maltrato del niño. De la misma manera, puedes estar en una seria discusión con tu jefe o con una persona cualquiera, pero al ver a los ancianos, una sonrisa se dibujará en tu rostro. Esto se debe a que tu pensamiento primero ha provocado un sentimiento que aflorará en cuanto veas algo que lo motive.

Si logramos entender todo esto, caeremos en la cuenta de que muchas de las ideas que nos llegan a través de la vida diaria, de libros, periódicos, y cualquier medio de comunicación, muchas veces es equivocada, y lo único que hacen es provocarnos una idea errónea que, si motiva en nosotros un sentimiento, se grabará por siempre en nuestra mente, convirtiéndose en ese *"reflejo"* listo para surgir en cualquier momento.

La inmensa carga que estas ideas han provocado en nosotros *"reflejos"* equivocados, pueden transformar nuestra vida, nuestro cuerpo y nuestra alma enormemente. Por ello, muchos de los males que nos aquejan día a día, están directamente relacionados con un mal pensamiento que ha provocado en nosotros un sentimiento y, consecuentemente, un *"reflejo"*.

La actitud que tomamos frente a las cosas que pasan cotidianamente es determinante respecto a nuestro bienestar o malestar. Nosotros contamos con el libre albedrío para poder escoger las cosas que nos convienen o no; de esa misma manera debemos actuar cuando se refiere a los pensamientos y sentimientos.

Ahora bien, para poder eliminar de nuestra mente cualquier sentimiento negativo, lo único que debemos hacer es suplirlo por uno positivo. Al igual que cambiamos de una canasta de fruta las manzanas que se echan a perder por unas frescas, de la misma manera debemos hacerlo en nuestra mente.

Este trabajo es difícil al principio, pero debemos entender que han sido muchos los años que hemos estado acumulando sentimientos equivocados o negativos. Sin embargo, si en verdad tratamos de lograr que nuestra vida sea mejor, poco a poco lograremos ir cambiando todos los *"reflejos"* malos por buenos.

Si nosotros logramos únicamente dar a nuestra mente o subconsciente herramientas positivas con las cuales pueda trabajar, inmediatamente estaremos manifestando cosas buenas y positivas en nuestra vida.

No olvidemos algo muy importante que Conny Méndez nos ha legado: *"Tu voluntad, ya sea negativa o positiva, es el imán que atrae hacia ti las circunstancias buenas o malas. Tu actitud ante los hechos determinarán los efectos para ti"*.

Y aunque muchas veces nos encontremos con personas que piensen que el hombre es un barco a la deriva y que no puede controlar lo que le va a pasar, debemos entender que esto es un mentira, pues como te lo he mencionado anteriormente, todos y cada uno de nosotros podremos tener control sobre las cosas que pasan en nuestra vida; lo único que debemos hacer es comprender las *"leyes de la Creación"* y trabajar de acuerdo con ellas.

Cada hombre y mujer que habita este mundo nace con el libre albedrío, con la libertad de pensar bien o mal, de actuar positiva o negativamente. Todos y cada uno de nosotros tenemos las mismas herramientas y posibilidades de llegar hasta donde lo deseemos. Si estamos conscientes de ello, ¿por qué no hacemos uso de todo lo bueno que Dios creó para sus hijos, para nosotros?

Conny Méndez menciona en su libro *"Metafísica al Alcance de Todos"* que: ***"La vida obedece a las creencias y a lo que expresamos con palabras. Esto es una Ley. Un Principio"***. Por ello, la vida de cada uno de nosotros toma los rumbos que nosotros mismos le dictamos. El poder de nuestra mente y la ayuda de las Leyes de la Creación no hacen más que darnos lo que estamos pidiendo.

IV

PENSAR CORRECTAMENTE

Como te lo explicaba en el capítulo anterior, la manera en que almacenamos ideas, pensamientos y sentimientos en nuestra mente, determinan lo que sucede en nuestra vida. Si analizamos el trabajo de nuestra mente, nos daremos cuenta de que nunca descansa. Inclusive en las noches, cuando dormimos, nuestra mente sigue activa y despierta.

Asimismo, debemos entender que nuestra mente no decide si algo es bueno o malo, si nos conviene o no. Por ello es muy importante que no mandemos información equivocada o nociva a nuestra mente, pues al llegar ahí se almacenará y se manifestará en nuestra vida.

Por ejemplo, muchas veces una situación grave que vemos a nuestro alrededor, como una enfermedad terminal, puede causarnos un enorme sentimiento de temor. Y si pensamos que algún día nosotros podemos estar en dicha situación, seguramente nuestra mente trabajará para que esto pase en realidad.

Ahora bien, hay una sencilla manera de que todo lo malo que se ha almacenado en nuestra mente sea eliminado; asimismo, podemos cerrar las puertas de nuestra mente a lo malo que vemos y que no deseamos en nuestra vida.

Lo primero que debemos hacer es cambiar la concepción errónea que tenemos de las cosas y en verdad convencernos de que no existen en nuestro mundo, de que no pueden llegar a afectar nuestra vida. Para lograr esto, debemos conocer la verdad sobre cualquier cosa, analizarla y ver el porqué de su existencia.

Después, cada uno de nosotros debe estar consciente de que nuestro *"YO"* superior es perfecto; que nada malo le puede suceder en verdad, de que está hecho para disfrutar y ser feliz. Esto lo lograremos hacer al entender que somos hijos de Dios y que no hay nada malo que nos pueda perturbar.

Quizá tú me digas que esto está muy bien, pero que en la vida diaria, cuando salimos al trabajo, a la escuela o en nuestro mismo hogar de repente suceden cosas malas que nos afectan notablemente; bueno, si este es el caso, lo único que debes hacer es decir convencido y con toda la concentración posible *"NO LO ACEPTO"*.

Con ello, estarás bloqueando la entrada de todo mal sentimiento a tu mente. Estarás logrando alejar de tu mundo eso que tanto te afecta. Al decir *"NO ACEPTO"* tal situación en mi vida, estás cerrando cualquier posibilidad de que te afecte.

Ahora bien, al pedirte que digas: *"NO LO ACEPTO"* de manera fuerte, no te digo que lo grites o que pongas todas tus fuerzas físicas en ello. Dentro de la Metafísica no es necesaria la fuerza física, sino la fuerza del sentimiento, del pensamiento y del convencimiento.

Recuerda que si en verdad sientes lo que dices, estás convencido de lo que haces y sientes lo que manifiestas, estás poniendo en marcha toda la fuerza necesaria para lograr manifestar lo que quieres. Si a tu hijo, pareja o amigo le dices *"te quiero mucho"* y lo haces convencido de ello, el sentimiento que expresas será el mismo que almacenas en tu mente y que logra llegarle a la otra persona. Sin embargo, si le decimos a una persona *"te quiero mucho"* sólo de dientes para afuera, el efecto será débil y carente de expresividad.

Así pues, empieza por suplir lo malo que se encuentra almacenado en tu mente y no dejes que nada malo entre en ella. Poco a poco lograrás ver que los cambios se manifestarán en tu vida. Todos debemos de renovar ideas, sentimientos y *"reflejos"* de nuestra mente para lograr mejorar. Podemos y debemos eliminar *"aparentes defectos y problemas"* una vez que logremos aceptar la *"Gran Verdad"*.

Esta *"Gran Verdad"* no es otra que el sabernos hijos perfectos de un Dios perfecto; de que nada ni nadie puede afectarnos ni lastimarnos; que todo lo bueno que existe en el mundo es nuestro y debemos hacer uso de ello, pues con ese propósito fue creado por nuestro Padre para que nosotros logremos la Paz, la Tranquilidad y la Felicidad.

Todos y cada uno de nosotros somos únicos y debemos hacer lo que nos corresponde para lograr lo que deseamos. Debemos dejar de lado la idea de que alguien va a hacerlo por nosotros.

Si cada uno de nosotros no cumple con las *"Leyes Fundamentales"* de la vida, nuestra vida no dejará de tener problemas, dificultades y calamidades. La solución de todo lo que nos pasa, está sólo en nuestras manos.

V

LA PALABRA ES EL PENSAMIENTO HABLADO

Una vez que hemos logrado entender que el pensamiento es lo que provee nuestra vida de cosas buenas y malas, debemos poner mucha atención en lo que se refiere a nuestras palabras.

Conny Méndez nos dice que: *"La palabra es el pensamiento hablado"*. Teniendo en cuenta esto, entenderemos que cada ocasión que salga de nuestra boca una palabra con sentimiento y concentración, se grabará también en nuestra mente y se manifestará inmediatamente.

Todo ser humano, antes de emitir una palabra, la piensa, la siente y, finalmente, la expresa. Así pues, podemos afirmar categóricamente que cada palabra nuestra es un decreto y un pensamiento nuestro. Y si esto es así, cuando usamos mal una palabra, nuestro mundo se puede ver afectado.

Un ejemplo muy claro de esto lo vemos a diario las personas que vivimos en las grandes ciudades. En las mañanas, al salir al trabajo o a dejar a los niños en la escuela, entramos a una avenida grande y empezamos a decirle a nuestros acompañantes: *"vas a ver cuánto tráfico hay a esta hora"*.

Como en verdad sentimos y manifestamos convencidos estas palabras, no dudes que efectivamente encuentres una enorme cantidad de autos que harán más lento y pesado tu trayecto.

De la misma manera, cuando le comentamos a cualquier amigo: *"fíjate que el trabajo que tengo es muy difícil, creo que no lo voy a terminar a tiempo"*. Aquí también, estamos entendiendo que no podremos cumplir correcta y eficientemente con un trabajo, pues antes de intentarlo ya estamos derrotados.

El poder de la palabra, al igual que el del pensamiento, son la base del éxito o del fracaso en cualquier terreno de nuestra vida. Si antes de intentar cualquier actividad ya estamos pensando que no la vamos a lograr, o decimos a una persona que nos será imposible, ya estamos grabando en nuestra mente el fracaso y la derrota que más tarde se manifestará en nuestra vida.

Si por el contrario, tenemos la confianza y la certeza de que todo lo que emprendamos será exitoso y bueno para nosotros y los que nos rodean, verás que cualquier cosa que inicies tendrá la buena fortuna y el éxito que deseas. Te recomiendo que antes de hacer cualquier cosa, pienses positivamente; y si le comentas a una persona tus planes, no dudes en que saldrás adelante con ello, pues éste es el inicio hacia lo bueno.

Ahora bien, el temor y la fe son dos sentimientos opuestos pero de igual intensidad para todos nosotros. La fe es un sentimiento positivo y el temor uno negativo. Por ejemplo, si piensas positivamente con respecto a algo, tendrás fe en que saldrá todo bien. Pero si es temor lo que manifiestas, tendrás temor en que saldrá mal.

Entendamos que la fe es tener convicción, seguridad y conocimiento de algo que va a salir bien. Por ejemplo, a la hora de presentar un examen, tenemos la obligación de repasar apuntes y libros acerca del tema que se nos va a preguntar. Si tenemos el conocimiento del tema, nos sentiremos seguros y estaremos convencidos que sacaremos una buena calificación en el examen.

Sin embargo, si desconocemos el tema que abarca el examen, estaremos tan inseguros y tan poco convencidos de lograr pasarlo, que tendremos el temor de no poder sacar una calificación satisfactoria.

Cualquier persona que tenga las tres características de la fe: conocimiento, seguridad y convicción, jamás fallará en todo lo que se proponga, pues aunque los resultados de un negocio no sean los esperados al principio, conforme pase el tiempo irá corrigiendo errores y pequeñas fallas hasta lograr tener todo el éxito que desea.

Entendamos que Dios ha provisto todo lo necesario para que cada uno de sus hijos sea feliz a lo largo de su vida; lo único que debemos hacer es tener el pensamiento y la palabra correcta, además de estar convencidos que todos somos hijos perfectos de Dios, y que cualquier *"aparente"* defecto o falla que pueda existir en nuestra vida, es sumamente fácil cambiarlo o borrarlo.

Y como generalmente siempre le tememos a lo desconocido, si ponemos nuestro empeño en tratar de conocer el porqué de las cosas, poco a poco todos nuestros temores se irán de nuestra vida, pues el conocimiento nos ha abierto los ojos y nos ha transformado en unos hijos llenos de fe.

Cuando por fin logremos entender y aplicar todo esto en nuestra vida, nos empezaremos a dar cuenta de que nada ni nadie puede afectarnos ya, y de lo único que en verdad debemos temer, si esto es correcto, es del temor mismo, pues estaremos dando por hecho que desconocemos algo y de que no podemos superarlo.

VI

¿QUÉ ES EL AMOR?

Si hiciéramos una encuesta entre 100 personas y les preguntáramos ¿qué es el amor para ellos?, seguramente recibiríamos 100 respuestas diferentes, pues cada una de las personas piensa, siente y ve las cosas de diferente manera.

Esto, además de confirmar que cada uno de nosotros es completamente individual y único, nos da pie para afirmar que el amor es algo mucho más complejo de lo que sentimos por nuestros padres, nuestra pareja, nuestros hijos o nuestros amigos y familiares.

Para lograr entender lo que en verdad es el amor, debemos encontrarnos en un punto medio donde logremos encontrar paz y serenidad. Cuando Jesús mencionó: **"Paz a los hombres** *de buena voluntad"*, nos estaba indicando que en la Paz, el equilibrio de todo lo que podemos tener, se encuentra el amor.

Por ejemplo, existen muchas personas que aman tanto a su pareja o a sus hijos que, por este sentimiento tan exagerado, llegan a tener sentimientos negativos. Si llegan a ver que alguien se acerca a la persona que tanto aman, empiezan a surgir celos, envidias y odio; también, se está limitando a la persona supuestamente amada y se tienen constantes fricciones con ella.

¿Cuántas veces no hemos visto desmoronarse matrimonios por este tipo de cuestiones?, o ¿cuántas veces los hijos no buscan salir del hogar con tal de no tener que tolerar más a los padres? Bueno, pues como el amor es tan *"intenso"*, la persona se transforma en una especie de propiedad exclusiva y deja de ser lo que en verdad es, alguien con libre albedrío y decisiones propias.

Asimismo, tener el equilibrio perfecto del que te estoy hablando no es tener mucho dinero o propiedades, ni amar demasiado, ni sacrificarse u orar de más. Toda manifestación que el hombre haga de más, en lugar de ayudarlo, lo estará desequilibrando.

Veamos a las señoras que, por pensar que ir a una iglesia o templo todos los días para orar y pedir al Señor ayuda, descuidan su hogar y actividades diarias. Estas personas, en lugar de avanzar y de tener una vida tranquila y equilibrada, se encontrarán con miles de problemas, pues al descuidar el hogar, a los hijos o a la pareja, provocarán que pronto aparezcan las tensiones y fricciones que, a la larga, acabarán con todo lo que se ha logrado hasta el momento.

Intentemos entender que cualquier exceso corresponde al *"fruto prohibido"* del que se nos habla en el Génesis. Amar a alguien no es limitarlo, mimarlo ni controlar y cuidar su vida, sino demostrarle confianza, paciencia y aliento en todo momento. Si logramos esto, estaremos logrando el equilibrio, la buena voluntad que necesitamos para ser felices y obtener la paz.

Ahora bien, para poder lograr todo esto que te estoy mencionando, Conny Méndez nos comenta que lo mejor que podemos hacer es pensar y reflexionar sobre nuestros sentimientos. Entendamos de una buena vez que todos y cada uno de nosotros somos hijos de Dios, y por lo tanto, unos seres inteligentes, perfectos. Dejemos de lado nuestros *"supuestos defectos"* y vamos a convencernos de todo lo que se nos ha enseñado.

Una vez entendido lo anterior, quizá tú me preguntes: *"Bueno, y ¿qué pasa cuando aparece en nosotros ese sentimiento tan contrario al amor y que todos conocemos como odio?"*. Esto es muy común entre las personas que no han logrado aplicar a su vida las Leyes Fundamentales de las que te he hablado brevemente en este libro.

Obviamente, cuando no tenemos el conocimiento y la conciencia de que nosotros mismos somos los que podemos, y debemos controlar nuestro entorno, es muy fácil perder el control y sentir odio y rencor cuando aparecen en nuestra vida personas que, por algún motivo cualquiera, nos han tratado de perjudicar.

Este sentimiento negativo, en primer lugar, no nos dejará avanzar ni progresar; y además, es algo que constantemente nos traerá malestar y problemas. Inclusive, podemos encontrarnos con personas que dicen haber *"perdonado"* tal o cual situación, pero en el fondo jamás la olvidan.

Esto, hace que inconsciente o conscientemente estén esperando algún momento para tomar venganza. Piénsalo bien y dime ¿cuántas veces no has dicho a una persona *"te perdono"* o *"acepto tus disculpas"* sin en verdad sentirlo? Con ello, sólo estarás guardando en tu mente ese sentimiento negativo que saldrá en cualquier momento que veas a esa persona. Y aunque actúes muy bien lo que sientes verdaderamente, jamás lograrás engañarte a ti mismo.

Si en verdad queremos lograr la armonía, paz y buena voluntad tan necesarias para tener amor en nuestra vida, debemos aprender a perdonar y a olvidar. Sé que no es nada fácil ni mucho menos, pero si pones de tu parte, pronto lograrás ver que nada es imposible para ti. Si cumplimos *"la Ley del Amor"*, estaremos actuando con Dios y lograremos la dicha, la satisfacción y la buena voluntad.

Un sencillo método que Conny Méndez nos ha legado para poder perdonar y olvidar es el siguiente: Si tú te encuentras molesto o distanciado con algún familiar o amigo, cuando tengas la oportunidad de verlo nuevamente en vez de dejar aflorar ese odio o rencor que sientes por él o ella, piensa inmediatamente en algún momento dichoso que hayas compartido con esa persona.

Quizá al principio no lo logres, pero sigue intentándolo; busca en tu memoria una situación en la que los dos se hayan sentido dichosos de estar juntos. Trata a toda costa de revivir gratos momentos; una broma, un detalle, lo que sea. Una vez que encuentres ese momento tan feliz, vuélvelo a vivir y ríe, gózalo. Verás que cuando logres esto, podrás ver a esa persona tan odiada y extenderle los brazos sinceramente.

Todo esto va a tener dos consecuencias muy positivas en tu vida; la primera: lograrás dejar de odiar a esa persona gradualmente, hasta que en verdad olvides siquiera el porqué estabas tan molesto con ella; y en segundo lugar: suplirás en tu *"bodega"* mental un sentimiento de rencor por uno de felicidad, y con ello, el *"reflejo"* negativo por uno positivo.

Una vez más, te invito a que pongas en práctica todo lo mencionado hasta el momento; en verdad verás que tu vida irá mejorando día a día.

VII

PIDE LO QUE QUIERAS, YA ES TUYO

Como ya te lo he mencionado en algunos capítulos anteriores, tú eres el responsable de todo lo que pasa en tu vida. Eres tú quien decide qué es lo que debes tener y qué no.

Muchas veces, inconscientemente o por no conocer las *"Leyes Fundamentales"* del mundo en que vivimos, no nos damos cuenta de que cualquier cosa que pase en él es porque nosotros así lo hemos decidido. Nosotros podemos cambiar lo que está mal y dejar lo que está bien.

Un ejercicio sencillo y de gran efectividad que Conny Méndez nos dejó a los que estudiamos Metafísica, es el conocido *"Te regalo lo que se te antoje"*. Esto, aunque para muchos que aún no conocen la fuerza del pensamiento o para aquellos que no creen en él, puede resultar algo imposible de realizar, es completamente efectivo. Te lo presento para que lo lleves a cabo.

Con las indicaciones que te he hecho a lo largo del libro y con una actitud correcta, verás cómo en poco tiempo tu vida dará un giro de 90 grados. Pon mucha atención en lo siguiente, pues no es más que una muestra de lo que la Metafísica nos enseña verdaderamente. Pruébalo y sigue al pie de la letra cada una de las indicaciones; no me creas ahora, pero mañana verás que todo es cierto.

El primer paso que debemos dar es estar conscientes de que todo lo que sucede en nuestro mundo no es más que la manifestación de nuestro pensamiento. Hecho esto, tomemos papel y lápiz y escribamos, en orden de importancia, todas las cosas que deseamos. Es muy importante que no nos limitemos en ningún aspecto.

El segundo paso es que cada noche, antes de dormir, y cada mañana, al despertarnos, leamos con detenimiento la lista que hemos hecho. Esto, lo debemos hacer con la mayor tranquilidad y quietud posible.

Otro punto de suma importancia, es que cada vez que imaginemos algo de lo que hemos enlistado, lo hagamos como si ya lo tuviéramos. Gozemos y disfrutemos de lo que hemos pedido, aunque todavía no esté en nuestro mundo material.

Es muy importante que después de leer la lista, ya sea de noche o de día, y que cada vez que nos veamos disfrutando de lo que hemos pedido, demos las gracias de una manera sincera y convencida de que lo que deseamos llegará. La manera correcta de hacerlo es decir: *"Gracias Padre que ya has dado la orden de que me sean conferidos....",* y al final, nombraremos lo que escribimos en nuestra lista.

Ahora bien, es necesario que todo esto que llevarás a cabo lo hagas en completo silencio y sin que nadie lo sepa, pues de no hacerlo así, podrías echar abajo todo el trabajo que has realizado. Es necesario que la fuerza espiritual que le pongas a tu lista, a tu pensamiento y al agradecimiento se mantenga intacta y libre de cualquier intromisión.

Pensemos que cuando lleves a cabo la petición mediante la lista de algo, tu pareja o un amigo cercano se entera. Seguramente, al no tener la misma fe y convicción que tú, empezará a *"bombardearte"* con ideas y consejos que, lo único que harán, será quitarle fuerza a lo que llevas a cabo. Esto, impedirá que veas realizados tus anhelos.

Asimismo, aunque la persona que tengas cerca sea alguien con tu misma fe y convicción, piensa que de una u otra manera tratará de decirte o insinuarte algo, consiguiendo sólo que tú pidas cosas de las cuales no estás completamente seguro.

Por ejemplo, si tu deseo es tener un trabajo en el centro de la ciudad, quizá esta persona te insista en que el centro no es el lugar correcto o que ahí habrá demasiado tráfico, etc. No dejes que nada ni nadie influya en lo que en verdad deseas. Este es el verdadero motivo para que nadie sepa, más que tú, lo que está en la lista.

Como te lo dije antes, es muy importante que no seas *"tacaño"* con las cosas que pides. Sé espléndido y específico a la hora de pedir lo que anhelas. Si, por ejemplo, deseas tener una casa en el campo, pídela exactamente como la piensas, con las medidas exactas, los cuartos, baños y jardines que quieras.

Si lo que deseas es un automóvil nuevo, indica en tu lista el modelo, el color, el número de puertas y todos los detalles que quieras en él; si es dinero lo que estás pidiendo, menciona cuál es la cantidad que necesitas o deseas; y si se trata de un trabajo, escribe el tipo de trabajo, el puesto que anhelas, el sueldo y la ubicación del mismo.

Al llevar a cabo esto, no estás siendo exigente o vanidoso, por el contrario, estás ayudando enormemente a tu pensamiento, pues mientras más clara y específica sea la imagen que realizas en tu mente, más fuerte será el pensamiento y más pronto será la realización del mismo.

Recuerda que tú eres un conducto por el cual Dios actúa, y si en tu mente almacenas claras imágenes de lo que deseas, Dios no tardará en trabajar para que eso aparezca en tu mundo material.

Antes de iniciar el ejercicio de *"te regalo lo que se te antoje"*, sería bueno indicarte que comiences tu lista con cosas sencillas. Esto con el fin de que poco a poco te vayas acostumbrando a ver las maravillas que se logran. Y una vez que veas la fuerza que tiene tu mente, seguramente empezarás a dudar si en verdad fuiste tú o fue la casualidad la que te trajo lo que habías pedido.

Este tipo de pensamientos es muy normal entre las personas que inician este ejercicio. Sin embargo, es muy peligroso dudar de dónde viene la fuerza o energía para que se manifieste lo que pides. Hay ocasiones que esta manera de cuestionar las **"Leyes Fundamentales"** puede provocar una **"ceguera"** en tu vida y que no logres ver ni disfrutar lo que acaba de aparecer frente a ti.

Para lograr superar la duda y la desconfianza, te recomendamos que en cuanto aparezca, saques tu lista y realices los primeros pasos que te indicamos anteriormente. Recuerda que el agradecer plenamente convencido por algo que aún no llega, es la manera más noble y eficaz de demostrar tu fe y convencimiento a Dios.

Conforme pasen los días y veas tu lista por la noche o la mañana, pronto te verás en la necesidad de ir borrando de ella algunas cosas de las cuales ya estás disfrutando. En verdad que es sorprendente ver que poco a poco tu lista, que en un principio pensabas enorme, se va reduciendo a uno o dos anhelos.

Ahora bien, esta lista no es definitiva ni única. Si tienes la necesidad de algo, no dudes en agregarlo a la lista y llevar a cabo los mismos pasos. Recuerda que todo lo que quieres está a tu disposición, lo único que debes hacer es tener el conocimiento, la convicción y la fe necesaria para hacerlo tuyo.

No trates de investigar la manera en que pasan las cosas, dedícate exclusivamente a disfrutarlas. Ten en cuenta que la **Gran Fuerza Espiritual** está muy lejos de tu comprensión aún, y que si tratas de ver la manera en que trabaja para todos los hijos de Dios, pronto te encontrarás lleno de dudas y temores, cosa que te hará retroceder en tu progreso.

VIII

DIOS TRABAJA
A TRAVÉS DE TI

Gran parte de todo lo que has leído hasta ahora, se refiere a cosas materiales que tú deseas en tu mundo; artículos que te son necesarios para lograr un equilibrio en tu vida. Sin embargo, hay dificultades que están fuera de nuestro alcance y que nos atormentan terriblemente.

Lograr entender la manera en que funcionan muchas cosas en el mundo es tan complicado y lejano aún para nuestro conocimiento, que si seguimos buscando este tipo de respuestas ahora, en nuestro estado actual, pronto nos volveremos locos.

Imagina que un niño que estudia la educación primaria, trata de realizar una cirugía a corazón abierto. El conocimiento que el niño ha adquirido nunca será suficiente para lograr entender el funcionamiento del corazón humano. Y aunque sabe que existe y que gracias a él puede llegar la sangre a cada rincón del cuerpo, su cabeza no comprenderá jamás muchas de las funciones vitales del mismo.

Al igual sucede con los hombres que habitamos este mundo. Hay quienes sabemos, comprendemos y estamos convencidos de que este mundo se rige por las Leyes Fundamentales y que Dios está siempre al pendiente de que logremos lo que deseamos; pero de ahí, a que logremos comprender el perfecto funcionamiento del Universo y de sus Leyes, todavía nos encontramos tan o más lejos que el niño de primaria que trata de convertirse en un cardiólogo.

No obstante, debemos dejar de preocuparnos por calamidades y tragedias que hay a nuestro alrededor, pues aunque no logremos comprender su funcionamiento u origen, tenemos al mejor aliado a nuestro lado: Dios.

Si nosotros estamos convencidos y sabemos que Dios es Omnipotente, Perfecto, Amoroso y tiene poder por sobre todas las cosas, dejemos que Él se haga cargo de los problemas que no logramos entender.

Recuerda que Dios es el que hace las cosas, y que a través de sus hijos, las manifiesta para que las gocen. Tú no puedes crear nada, pues todo lo imaginable ya ha sido creado por Él. Ten en cuenta que cada uno de los hijos de Dios no es más que un canal por el cuál Él manifiesta las maravillas y bellezas de este mundo.

Lo que se indica y se recomienda a cada estudiante de Metafísica cuando enfrenta un problema superior a su entendimiento, es que deje de pensar en este, y que piense en Dios. Al igual que suplimos un pensamiento de odio por uno de amor, hagamos lo mismo, sólo que en lugar de seguirnos atormentando con el problema imposible de resolver por nosotros mismos, empecemos a pensar en Dios.

Y no importa qué es lo que pienses de Dios; puedes pensar en su perfección, en su bondad, en su amor, etc. Lo importante es que tu mente deje de atormentarse por el problema y que en ella aparezca la maravillosa imagen de nuestro Padre.

Poco importa que ya sepas que Dios es verdad, inteligencia, omnipresencia y omnipotencia, cuando pienses en Él, vuelve a recordar todas y cada una de estas cosas como si no lo supieras. Esto te ayudará a dejar de pensar en tu problema.

Ahora bien, es muy importante no ponerse tenso ni provocarse un desgaste de energía inútil. Recuerda que en la Metafísica la fuerza física no tiene razón de ser. La fuerza mental y espiritual son tan poderosas que la física sale sobrando.

Tampoco intentes pensar la manera en que Dios resolverá la situación que te atormenta. Recuerda que Él sabe qué es lo que hace, y que sus decisiones siempre son en beneficio de todos sus hijos.

Muchas ocasiones hemos escuchado decir a nuestra madre o a personas mayores: "deja todo en manos de Dios", y aunque muchas veces en verdad no sepan lo que están diciendo, ésta es una verdad cuando se trata de problemas que escapan a nuestra comprensión.

Si **cada** uno de nosotros, como hijos de Dios, no somos más que un canal por el cual Él actúa, tratemos de no ponernos en su camino o estor-

barle mientras realiza su obra. Y si cuestiona-
mos o tratamos de entender lo que va a suceder,
no estamos más que entrometiéndonos en algo
que no entendemos.

Si retomamos nuevamente el ejemplo del
niño queriendo ser cardiólogo, pensemos que el
niño nada podrá hacer por el enfermo, aunque
se trate de su padre o madre; debe dejar que el
cardiólogo haga su trabajo para poder sacar
adelante la situación.

Sería absurdo que el doctor dejara que el
niño le ayudara en la cirugía ¿no? Bueno, pues
lo mismo sucedería si tú quisieras intervenir
en el trabajo de Dios. Y poco importa si tu
intención es la mejor, de nada serviría, simplemente estarías estorbando e impidiendo el
trabajo de nuestro Padre.

Por ello, te digo una vez más que cualquiera
que sea el problema que te atormenta, trates
de dejar de pensar en él y pienses en Dios;
déjale en sus sabias manos la situación y verás
que la solución adecuada para todo pronto
llegará.

IX

LA VIDA Y LA MUERTE

A través de nuestra vida se nos han hecho creer diferentes *"teorías"*, por así decirlo, sobre lo que es la vida y la muerte. Y depende de nuestra educación al respecto lo que en verdad sabemos y lo que ignoramos acerca de ello.

Cualquier persona que se interesa en el estudio de la Metafísica, debe desechar cualquier idea o concepción acerca de la vida y de la muerte que no estén dentro de todo lo que hemos visto hasta ahora, pues de lo contrario, seguramente empezarán dudas y cuestiones que desencadenarán muchos de los problemas mencionados anteriormente.

Muchas personas piensan en la vida como algo individual. Creen que la vida propia es única y que les pertenece por completo. Esta idea es errónea, pues la vida es Dios; Dios es nuestra vida y la de todo lo que existe. Entendamos que nosotros formamos parte de la vida y no que la vida es parte de nosotros.

Si logras comprender esto, verás que en verdad la muerte no existe, pues la vida es una energía constante que fluye a través de cada uno de los hijos de Dios. Y si piensas que el volvernos viejos, enfermos y dejar nuestro cuerpo físico contradice esto, mira a tu alrededor y verás como la enfermedad, la vejez y la muerte no son más que estados de ánimo y pensamientos que diferentes personas adquieren y aceptan. Y te pido que tú no seas una de estas personas, pues de lo contrario, estarás echando por tierra todo lo que has aprendido.

Entendamos de una buena vez que cuando una persona *"muere"* físicamente no va a un cielo bello y perfecto como premio si en su vida terrenal ha sido una buena persona; ni que irá a un infierno a pagar todas las deudas que contrajo cuando habitaba este mundo y no cumplió con reglas absurdas y rígidas.

Cuando una persona deja este mundo no hace otra cosa que cambiar de vida, superarse, evolucionar. Todo lo que pasamos durante nuestra vida, no es más que parte de un perfecto plan de superación que cada uno de nosotros debe de cumplir para llegar a la evolución máxima.

Es difícil pensar que Dios, siendo tan perfecto y amoroso tratara de castigarnos con un infierno tan aterrador y que nada más ha servido para controlar a personas ignorantes. Pensemos que la vida es un constante cambio, un aprendizaje que todos debemos lograr y no un trozo de existencia que termina con la muerte física.

Ahora bien, cuando un ser querido deja de estar físicamente con nosotros es porque ha cumplido su misión en esta vida. Dios no quiere que nada ni nadie pierda tiempo en un lugar donde ya ha hecho lo que debía hacer. Pero eso no quiere decir que ya no tiene más trabajo. Al contrario, una vez cumplida su misión entre nosotros, irá a un plano diferente a realizar otra actividad que Dios ha planeado para él.

Quizá te cueste un poco de trabajo y sufrimiento el hecho de entender esto, pero te invito a que pienses en ello como en un par de zapatos; cuando son nuevos, quizá te moleste un poco el caminar con ellos, pero después, con el paso del tiempo, se irán amoldando a tu pie y serán tan cómodos que no te molestará caminar kilómetros con ellos. Sin embargo, llegará el momento en que estén tan gastados y tan viejos que tendrás que deshacerte de ellos y conseguir unos nuevos. Quizá te duela hacerlo, pero es necesario, pues de lo contrario no podrás caminar.

Bueno, pues esto es lo mismo que sucede con nuestra estancia en este mundo o plano. Llegará el momento en que nuestra misión, al igual que la de los zapatos del ejemplo anterior, estará cumplida y será tiempo de retirarnos. La única diferencia es que quizá los zapatos nunca más tengan otra misión que cumplir y nosotros, los hijos de Dios, tenemos aún muchos *"kilómetros que caminar"*.

Tener esta concepción, hará que veamos lo inútil que es sufrir por la muerte de un ser querido. Por el contrario, pensemos que su misión, cualquiera que haya sido, ha quedado terminada y que hizo un excelente trabajo, pues de lo contrario, Dios no la hubiera llevado a cumplir otro compromiso, quizá mucho más importante.

Y recuerda, si tú eres de los que está constantemente pensando en que la muerte física puede llegar a tu hermano, padre, madre, hijos, familiares, etc., lo único que lograrás es grabarla en tu pensamiento y, seguramente, pronto llegará a tu vida. Cuando un pensamiento así llegue a tu vida, no olvides echar mano del: *"NO LO ACEPTO"*, y de dar gracias a Dios por haber escuchado tu petición y ponerla a trabajar.

No desperdicies más tiempo y energía pensando en la muerte, pues debes entender que no es más que una imagen equivocada que se nos ha inculcado desde pequeños. Piensa que la muerte, a la que tanto le temen los que no conocen la Verdad, no es sino un escalón más que se ha subido, un paso adelante que un hijo de Dios ha dado.

En las escrituras sagradas se menciona que cuando Jesús lograba sanar a un enfermo o resucitar a un muerto, lo único que les decía era: *"Tu fe te ha salvado"*. Teniendo esto en cuenta, debemos entender que la fe en Dios y en que todo lo que Él haga y planeé para nosotros, sus hijos, es lo correcto, lo perfecto.

Si tenemos fe, conocimiento y convicción, finalmente entenderemos que la vida es un inmenso manantial que nos baña constantemente en diferentes planos a todos y cada uno de los hijos de Dios; y que este maravilloso manantial jamás se secará, pues sería tan absurdo como pensar que Dios morirá algún día.

Todos formamos parte de esta vida, de Dios, y es nuestra obligación y deber seguir las *Leyes Fundamentales* que se nos indican día a día con el conocimiento, la convicción y la fe. De nosotros depende que nuestra misión se cumpla satisfactoriamente, en equilibrio y con la paz que Dios ha querido para cada uno de sus hijos.

X

¿POR QUÉ EXISTE LA POBREZA EN NUESTRO MUNDO?

Como ya te lo he mencionado a lo largo de estas páginas, muchas veces nuestra educación cuando éramos niños fue equivocada. Esto, no se debe precisamente a que nuestros padres o tutores no hayan hecho su mejor esfuerzo por hacer de nosotros hombres y mujeres de bien; tampoco se trata de que no nos amen lo suficiente.

Lo que en verdad sucede, es que las personas encargadas de educar, guiar y enseñar a un niño a ser una persona de bien, muchas veces carecen de la información o las bases para lograr que los niños a su cargo comprendan, poco a poco, las Leyes Fundamentales de cómo funciona este mundo.

Y un claro ejemplo de ello es que desde que estábamos pequeños, se nos *"sembró"* la idea de que había cosas malas y dañinas para nosotros como enfermedades, tristeza, temores y, sobre todo, pobreza.

Estando en un mundo material, como en el cual vivimos aquí y ahora, cualquier hijo de Dios necesita tener cierta estabilidad emocional y económica. El lograrlo a base de seguir las Leyes y Normas que Dios ha dispuesto para cada uno de sus hijos es lo correcto. Sin embargo, hay personas que, en su afán de obtener dinero, posesiones y cosas materiales para su *"supuesto"* bienestar, dejan de lado todo lo que se nos viene enseñando.

No es raro observar cómo personas sin escrúpulos y sin la más mínima decencia, se aprovechan de posiciones o cargos dentro de cualquier empresa, y empiezan a abusar de trabajadores y gente de rango inferior.

Ahora bien, como te lo he mostrado, muchas de las situaciones adversas a este respecto tienen su origen en nosotros mismos. Si desde pequeños se nos ha enseñado que a base de engaños, sucias tretas y abuso se llega a la cima del poder económico, el *"reflejo"* que se ha instalado en nuestra mente tarde o temprano lo traerá ante nosotros.

Si algún día llegamos a tener un puesto importante dentro de la empresa, el *"reflejo"* negativo que ha estado esperando el momento para salir, pronto nos hará actuar de manera equivocada. Y aunque en un principio nuestras necesidades económicas se vean satisfechas, esto acarreará una serie de problemas mayores, pues nos tendremos que esconder de personas, trataremos de engañar, de mentir y, finalmente, de huir del mal que hemos hecho.

Si tú eres de las muchas personas que en su hogar tuvo este tipo de pensamientos, no te preocupe el pensar lo mal que tus padres o tutores han hecho en ti, mejor trata de eliminar ese tipo de *"reflejos"* e intenta sustituirlos por los que se nos muestran en las enseñanzas de los grandes Maestros.

Por ejemplo, si en tu hogar nunca hubo dinero de más, seguramente cuando pedías un juguete, unos zapatos o un regalo, tus padres solían contestarte: *"ahorita no hay dinero para comprarte lo que necesitas;*

quizá el próximo mes pueda comprarte lo que quieres".

Este tipo de respuesta, te estaba manifestando un sentimiento de carencia, de pobreza. Y aunque tú podías haber tenido muy poca edad para comprenderlo, tu mente ya lo había *"grabado"* y nada podía sustituirlo.

Ahora bien, tú ya te has compenetrado y entiendes el funcionamiento de este mundo, así que para que tu vida, y también la de todos los que te rodean cambie, debes de modificar tu manera de expresar y de decir las cosas. Recuerda que *"la palabra es el pensamiento hablado"*, así que tus pensamientos, palabras y sentimientos deben ser los correctos para que no formes en tu mente, ni en la de tus hijos, parientes o amigos la idea equivocada que produzca un *"reflejo"* negativo. No cometas los mismos errores de tus antepasados, avanza, progresa.

Si tu hijo se acerca y te pide un regalo que está fuera de tu alcance momentáneamente, puedes decirle las siguientes palabras: *"vamos a pensar que Dios nos lo quiere dar y que sólo espera el momento correcto para darnos la sorpresa".*

Si aprendes este pensamiento de memoria y lo repites constantemente cada ocasión que requieras de un bien material y que tu cartera te sea insuficiente, verás como tu deseo y la manera de pedirlo y de agradecer por ello a Dios, pronto se verá cristalizado en tu mundo material.

Debes aprender que en el espíritu todo está ya dado y que sólo espera que alguien lo reclame. Tu obligación, como hijo de Dios, es pedirle correctamente cada cosa que requieras para ser feliz. Piensa que estás en un restaurante con hambre; si tú no ordenas al mesero que te traiga comida, él no sabrá que tú tienes hambre. Y si te trae algo de comer sin tú habérselo pedido antes, seguramente traerá un platillo que no es de tu agrado.

Lo mismo sucede en este mundo; todo ya está listo para que lo hagas tuyo y lo compartas con todos los que te rodean; lo único que debemos hacer es pedirlo y agradecerle a Dios el que nos lo haya dado.

Entendamos de una buena vez que nuestra voz y nuestro pensamiento son una orden que nuestro *"YO SUPERIOR"* da al subconsciente. Esta orden, buena o mala, pronto se verá cumplida en nuestro mundo material.

Lamentablemente, muchas personas desconocen aún el poder y las maravillas que se encuentran en su mente; no entienden que como hijos del Creador, podemos concebir en nuestro mundo todo lo que deseamos. Y lo que es peor, no se dan cuenta que con el simple hecho de pensar en cosas negativas, están afectando terriblemente su existencia en este mundo. Si tan sólo pudieran ver lo que se están perdiendo, lo que no están disfrutando.

Las palabras que Conny Méndez nos ha legado para lograr obtener lo que deseamos pueden parecerte simples en un principio; sin embargo, llevan tres intenciones muy importantes, además de que logres obtener lo que tanto deseas.

Por un lado, lograremos ir entendiendo que todo lo que logremos y todo lo que existe proviene de Dios. El dinero que hacemos mediante nuestro trabajo o el que obtenemos de nuestros padres es solamente un *"canal fijo"* que puede llegar a aumentar o a desaparecer. Si pensamos que ésta es la única manera de obtener lo que deseamos, estamos cerrando nuestra mente a todo lo que te he mencionado. Piensa que Dios ya lo hizo todo para que sus hijos, es decir nosotros, se lo pidamos y lo empecemos a disfrutar.

La segunda intención de las palabras que Conny Méndez nos legó, es la de entender que la voluntad de Dios, es que todos sus hijos logren disfrutar de todo lo que Él ha creado. Dios sabe perfectamente que cuando le pides algo o cuando necesitas una cosa cualquiera, estás listo para poder disfrutarlo. Si alguna vez has deseado algo desde que eras un adolescente, seguramente *"eso"* que tanto anhelas está tocando a tu puerta desde que lo concebiste; el problema es que no has comprendido o no sabías cómo traerlo a tu mundo.

La tercera intención, y quizá la más complicada de entender cuando aún no has comprendido ni has aceptado todo lo que te he mencionado, es la última frase: *"...y está esperando el momento oportuno para darnos la sorpresa"*.

Muchas personas que creen estar convencidas de todo lo mencionado, pero que aún guardan en sus mentes residuos de su infancia *"mimada"* y *"caprichosa"*, se desesperan al ver que todo lo que desean o necesitan no llega pronto a su vida. Y no se trata de que no se haya cumplido el deseo, sino que en verdad está esperando el momento propicio para aparecer en su vida.

Hay ocasiones en que ciertas circunstancias, pensamientos o actitudes de las personas que esperan ver manifestada en su vida cierta necesidad, interrumpen su aparición sin darse cuenta. La inconsistencia, la falta de fuerza de voluntad, la poca fe o el poco interés que estemos poniendo en nuestra petición, son factores determinantes para no verla cumplida.

Tampoco te estoy diciendo que cada vez que solicites algo, lo grites y lo hagas con todas tus fuerzas físicas, pues ya te he mencionado que el poder de tu mente es infinitamente superior al físico; lo que te trato de decir es que tu voluntad, tu fe y tu convicción de que lo que estás pidiendo en verdad se te dará en el "momento indicado" es muy importante. No es un regalo de Navidad o cumpleaños que estará en tus manos al día siguiente, se trata de una necesidad tuya que Dios sabe cuándo y cómo te la proporcionará.

Es en este momento cuando debes poner en práctica lo que has aprendido y ver, de manera muy estricta, que no falles en ningún aspecto, pues de lo contrario nada verás de cambio en tu vida.

Recuerda que el dudar, platicarlo con terceras personas, el no ponerle atención, fe y fuerza mental a tus pensamientos y deseos, pueden llevarte a la desesperación y al estancamiento en un mundo que no deseas.

Ahora bien, tú ya tienes la Llave que abre la puerta de tus deseos y necesidades; úsala correctamente y transmítela a los pequeños y a los que desconocen las maravillas que se encuentran detrás de la "puerta". No la niegues al que necesita de ella; al contrario, muéstrale la manera de usarla y de mantenerla por siempre a su disposición, pues recuerda que si tu mundo cambia para bien, así como el mundo de una persona cercana a ti, pronto esto se ira convirtiendo en una cadena interminable y estaremos logrando hacer de este un mejor planeta, lleno de amor, paz, tranquilidad y equilibrio espiritual.

Todo ya está dispuesto por nuestro Padre; corresponde a todos sus hijos lograr traer a este mundo todas las maravillas que Él ha creado única y exclusivamente para nosotros, los hombres y mujeres que habitamos este mundo.

XI

PALABRAS
FINALES

En tus manos tienes un libro que, lejos de enseñarte todo lo que Conny Méndez nos ha dejado a cada uno de nosotros, te ayudará a cambiar tu vida y tu manera de concebir el mundo que habitas.

Sería imposible abarcar en unas cuantas páginas todo el conocimiento y enseñanzas de Conny Méndez. Sin embargo, con este libro podrás iniciarte en la Metafísica y cambiar para bien muchas cosas que consideres negativas o malas.

La literatura sobre este tema es muy amplia y cada vez está más presente en diversas

librerías alrededor del mundo. Como te mencio-
né en la Introducción de este libro, un siglo está
por comenzar y debemos estar preparados para
ello; debemos cambiar nuestras perspectivas
pues, como lo hemos visto a lo largo de 20
centurias, el hombre no ha logrado avanzar ni
mejorar, al contrario, cada vez son mayores
los problemas, las guerras, los diferencias
sociales, etc.

Si seguimos por el mismo camino, pronto
veremos que en lugar de avanzar hacia lo que
Dios ha dispuesto para nosotros, estaremos
dando un paso hacia atrás y seguiremos su-
friendo y lamentándonos por todo lo malo que
existe en nuestro mundo.

Cada vez está más cerca el día en que todos
los hijos de Dios logren tener armonía, amor y
equilibrio en su vida. Pronto veremos a nuestros niños disfrutar de un mundo más sano y
mejor, en el cual desarrollarán todas las
maravillas que Dios ha dispuesto para ellos.
Nosotros, habremos cumplido con nuestra misión en este mundo e iremos a otro plano a
cumplir una nueva, pero ya con una clara imagen de todo lo maravillosa que fue nuestra
estadía en este mundo.

Reflexionemos un poco y abramos nuestras mentes al pensamiento de la Nueva Era; en nuestras manos está el que todo mejore o que siga exactamente igual que como ha permanecido a lo largo de los años.

Una vez más te recuerdo que antes de afirmar y creer firmemente en todo lo expuesto a lo largo de estas páginas, pongas en práctica algunas de las sencillas "recetas" que grandes de la Metafísica como Conny Méndez, Emmet Fox o Saint Germain nos han dejado.

Una vez que compruebes lo maravilloso que puede ser el cambio positivo, entenderás que la Verdad, las Leyes Fundamentales y la Voluntad de Dios para que cada uno de sus hijos sean felices en cualquier plano en el que se encuentren, son tan reales que nunca más volverás a dudar o a cuestionar la manera en que funcionan las cosas en todo el Universo.

Tú, y sólo tú, eres el responsable de cualquier cambio positivo o negativo en tu vida. El poder de tu mente y de tu pensamiento harán que todo mejore o que siga igual. El cambio está en ti y no en las personas que te rodean. Deja ya de quejarte y de pensar negativamente, actúa y haz lo que debes hacer conforme a las Leyes de Dios, no hay otro camino. Pruébalo una vez y verás que es cierto. No lo creas ahora ni mañana, créelo cuando tu vida cambie, cuando el equilibrio, la paz, la armonía y el amor colmen tu existencia y la de los tuyos.

Sé persistente, tenaz y muy paciente con cada una de las actividades que estás por realizar; todo ya está dispuesto y listo para que lo hagas tuyo. Dios está más cerca de cada uno de nosotros de lo que en verdad imaginamos. Su plan es perfecto y nada lo cambiará; no luchemos en contra de ello, dejemos llevarnos por la corriente de su amoroso y bello río.

El mundo en el que vivimos puede y debe ser mejor para todos los hijos de Dios que lo habitamos; empecemos por cambiar nuestro micro universo, nuestro entorno; si así lo hacemos cada uno de nosotros, pronto todo el mundo estará en condiciones de vivir de acuerdo a lo estipulado y planeado por Dios, nuestro Amoroso Padre.

Ojalá entiendas que lo mejor que podemos hacer es voltear nuestro ojos hacia la Verdad, a lo Bueno; muchos han sido los años que hemos visto lo negativo y lo malo. Ya es hora de hacer lo correcto y de cambiar las condiciones que han regido nuestra existencia.

Marco Antonio Garibay M.

ÍNDICE

Impreso en Offset Libra

Francisco I. Madero 31

San Miguel Iztacalco,

México, D.F.